ANALISI DEL LIBRO

AF131754

La chiave di Sarah

TATIANA DE ROSNAY

ANALISI DEL LIBRO

Scritto da Cécile Perrel
Tradotto da Sara Rossi

La chiave
di Sarah

Tatiana de Rosnay

TATIANA DE ROSNAY

GIORNALISTA E ROMANZIERE FRANCESE

- **Nata a Neuilly-sur-Seine nel 1961**
- **Opere degne di nota:**
  - *La Mémoire des murs* (2003), romanzo
  - *La chiave di Sarah* (2007), romanzo
  - *À l'encre russe* (2013), romanzo

Tatiana de Rosnay è nata nel 1961 a Neuilly-sur-Seine da madre inglese e padre francese. Dopo aver studiato letteratura in Inghilterra, ha iniziato a lavorare per riviste (*Elle, Psychologies,* ecc.), scrivendo al contempo. Dopo alcuni anni è entrata nella top ten degli autori più letti in Francia. Ad oggi ha pubblicato undici romanzi, tra cui *L'Appartement témoin* (1992), *Moka* (2006), *Sarah's Key* (2007), *The House I Loved* (2009) e *A Secret Kept* (2011).

LA CHIAVE DI SARAH

UN LIBRO, DUE STORIE

- **Genere:** romanzo

- **Edizione di riferimento:** de Rosnay, T. (2008) *Sarah's Key*. Londra: John Murray (Editore).

- **Prima edizione:** 2007

- **Temi:** antisemitismo, senso di colpa, giornalismo, inchiesta, sparizione, seconda guerra mondiale

La chiave di Sarah è stato pubblicato nel 2007 e racconta due storie. Una è quella di Sarah, una giovane ebrea vittima del rastrellamento di Vel' d'Hiv nell'estate del 1942; l'altra è quella di Julia, una giornalista americana che deve scrivere un articolo per il 60° anniversario di questo rastrellamento. Julia è ossessionata da ciò che scopre su questo periodo della storia francese e si rende conto che la sua stessa famiglia ne è stata coinvolta. Cerca quindi di trovare Sarah per sapere cosa ne è stato di questa bambina.

Tradotto in 38 paesi, con tre milioni di copie vendute, *La chiave di Sarah* è stato adattato per il cinema nel 2010 con Kristin Scott Thomas nel ruolo principale.

SINTESI

Abbiamo scelto di strutturare il riassunto sulla base dell'indagine condotta dalla giornalista Julia Jarmond, protagonista del romanzo, per scrivere il suo articolo. In questo modo, il passato e il presente si fondono al ritmo della ricerca condotta dalla giovane donna.

L'ARTICOLO

Julia Jarmond è una giornalista americana di 40 anni che vive in Francia da molti anni con il marito Bertrand Tézac. Hanno una figlia di 11 anni, Zoë. La coppia ha affrontato delle difficoltà in passato, non potendo avere altri figli, cosa che li ha profondamente colpiti. In quel periodo Bertrand ha tradito Julia con una vecchia compagna di università, Amélie, ma oggi tutto sembra essere tornato alla normalità.

La coppia si trasferisce in un nuovo appartamento situato in rue de Saintonge che appartiene a Mamé, la nonna di Bertrand. È l'unica ad aver accettato Julia in famiglia e a mostrare grande affetto nei suoi confronti. I rapporti sono difficili con gli altri suoceri di Julia, che sono molto autoritari.

Poco dopo il trasloco, Julia scopre di essere incinta e questo la riempie di gioia. Purtroppo, la reazione del marito non è quella sperata: Bertrand è riluttante, non si vede come un nuovo padre alla sua età e non vuole che Julia porti avanti la gravidanza. La donna pensa quindi di abortire, ma non riesce ad andare fino in fondo e decide di tenere il bambino, a rischio di perdere il marito.

La rivista per cui lavora Julia le chiede di scrivere un articolo sul raduno di Vélodrome d'Hiver, comunemente noto come "Vel' d'Hiv'", che si è svolto 60 anni prima. La giornalista, interessata a questo periodo storico, inizia le sue ricerche. Legge negli articoli che nel 1942 i nazisti perseguitarono gli ebrei europei, in particolare quelli francesi, per diversi mesi. Furono costretti a indossare una stella gialla, fu loro vietato di entrare nella maggior parte dei luoghi pubblici e cominciarono persino a temere per la loro vita.

Qualche giorno dopo, per caso, durante una conversazione con Mamé, viene a sapere che la famiglia Tézac è venuta nell'appartamento di rue de Saintonge durante l'estate del 1942 perché si erano liberati dei posti dopo la retata. Julia decide quindi di fare delle ricerche per scoprire l'identità della famiglia che aveva vissuto lì in quel periodo.

Scopre che i precedenti occupanti dell'appartamento di rue de Saintonge erano una famiglia ebrea, gli Starzynski, arrestati il 16 luglio 1942 dalla polizia francese. Inoltre, Édouard, suo suocero, le racconta un evento che lo ha profondamente colpito e che è avvenuto quando era solo un bambino. Si era appena trasferito nell'appartamento con la sua famiglia quando un giorno una ragazzina di nome Sarah fece irruzione e si precipitò verso un armadio nascosto in una delle camere da letto. La vista che l'attendeva la fece sentire male: il corpo morto di un bambino. Julia si offre quindi di fare delle ricerche per scoprire cosa ne è stato di Sarah.

GLI ABITANTI DI RUE DE SAINTONGE

Nel 1942, la polizia francese bussò alla porta dell'appartamento degli Starzynki, ebrei di origine polacca. La figlia della famiglia, Sarah, di 10 anni, spaventata, decise di nascondere il fratellino in un armadio che usava spesso come nascondiglio. Lo chiuse con la chiave e gli promise che sarebbe tornata presto a prenderlo. Il resto della famiglia fu arrestato e portato dalla polizia al Vélodrome d'Hiver, dove migliaia di ebrei dovettero rimanere per diversi giorni, in condizioni orribili, senza cibo né acqua. Lì Sarah disse al padre di aver nascosto Michel. Preso dal panico, Starzynski chiese alla polizia il permesso di andare a prendere il bambino, ma la polizia rifiutò. Sarah si sentì terribilmente in colpa e temette di aver condannato il fratello a morte nell'armadio.

 BUONO A SAPERSI: IL RIASSUNTO DEL VÉLODROME D'HIVER

La retata del Vélodrome d'Hiver ebbe luogo il 16 e 17 luglio 1942 in collaborazione con la polizia francese. Più di 13.000 ebrei furono arrestati e collocati all'interno del velodromo in attesa di essere inviati ai campi di concentramento o di sterminio in base alla loro capacità lavorativa. La retata prese di mira solo gli ebrei stranieri, ma i loro figli, anche se nati in Francia, furono portati via con loro.

Pochi giorni dopo, furono tutti inviati in treno ai campi situati a sud di Parigi. Poco dopo, le famiglie vennero separate e i genitori fecero solo una breve sosta prima di partire per

Auschwitz. Sarah si ritrovò da sola nella baracca dei bambini, ossessionata dal desiderio di tornare a Parigi per salvare suo fratello. Presto fece la conoscenza di un'altra ragazza, Rachel, che la convinse a fuggire.

Insieme, riuscirono a fuggire e vagarono nella campagna circostante, nascondendosi nei boschi. Alla fine raggiunsero la casa di Jules e Geneviève Dufaure che li accolsero. Ma Rachel era malata e il medico chiamato al suo capezzale avvertì le autorità tedesche della sua presenza. Nascosta in cantina, Sarah assistette all'arresto dell'amica. Per fortuna, i Dufaure non furono rimproverati. La giovane spiegò loro che voleva tornare a Parigi per liberare il fratello. La coppia decise di accompagnarla. Tuttavia, quando arrivò all'appartamento, Sarah fu sorpresa di trovarvi una famiglia sconosciuta. Tuttavia, si precipitò in camera da letto, aprì l'armadio e scoprì il corpo senza vita di Michel.

ALLA RICERCA DI SARAH

Édouard consegna a Julia una serie di lettere datate dal settembre 1942 all'aprile 1952: sono state scritte da Jules Dufaure e indirizzate ad André Tézac, padre di Édouard. Parlano esclusivamente di Sarah, della sua educazione e della sua salute. Julia scopre che, per dieci anni, André Tézac aveva inviato ogni mese del denaro ai Dufaure per sostenere i bisogni di Sarah. Non si era mai perdonato la scena del ritrovamento del corpo di Michel e pensava che fosse suo dovere aiutare la bambina.

Inoltre, Julia riesce a rintracciare Nathalie Dufaure, che risulta essere la nipote di Jules e Geneviève che, da bambina, negli anni Cinquanta, aveva conosciuto Sarah. La giovane donna organizza un incontro con il nonno che racconta a Julia che Sarah ha lasciato la Francia per gli Stati Uniti nel 1952 e che dal 1955 nessuno ha più avuto sue notizie. Si sa solo che è sposata con un americano.

Durante le vacanze estive, Zoë deve recarsi a casa dei nonni negli Stati Uniti. Julia decide di accompagnarla per continuare le sue ricerche lì. Spera di saperne di più su Sarah. Per farlo, si reca al suo ultimo indirizzo conosciuto. Ma lì rimane scioccata: scopre che Sarah è morta in un incidente stradale nel 1972. Aveva un figlio, William, che vive in Toscana. Decisa a portare avanti le sue indagini, Julia vola in Italia con Zoë. Lì incontra William che non sa nulla della storia di sua madre. Si arrabbia e il loro incontro viene interrotto.

Julia torna quindi in Francia. I mesi passano e la gravidanza giunge al termine. Un giorno, dopo che non ha più avuto notizie di lui dall'estate, William si presenta improvvisamente a casa sua. Ha condotto una ricerca personale e ha scoperto che Julia gli aveva detto la verità. Le racconta che sua madre si era uccisa perché perseguitata da ciò che aveva passato e dalla morte del fratello, di cui si sentiva responsabile.

Poco dopo, apprendiamo che Julia si è trasferita a New York con Zoë. Ha lasciato Bertrand, che le ha confessato di amare Amélie e di voler vivere con lei. Non riuscendo a smettere di pensare a William, fa delle ricerche e scopre che vive nella stessa città. Un giorno squilla il telefono: è lui. Lui le propone di incontrarsi. Lei accetta e si incontrano poco dopo in un caffè, dove Julia gli presenta la figlia, una bambina di nome Sarah.

STUDIO DEL CARATTERE

SARAH

Sarah è una bambina di dieci anni nel luglio del 1942. Francese, nata da genitori ebrei di origine polacca, subisce, insieme alla sua famiglia, le persecuzioni che colpiscono gli ebrei di quel periodo.

Leale, intelligente e volitiva, pensa di salvare il fratellino nascondendolo in un armadio quando la famiglia viene arrestata. Purtroppo non fa in tempo a tornare da lui che muore. Per tutta la vita Sarah risente di questa tragedia, di cui si sente responsabile, e degli orrori vissuti durante l'estate del 1942. Accolta da una famiglia francese, cerca di ricominciare, ma in Francia i ricordi sono troppo forti. Per questo motivo si trasferisce negli Stati Uniti, nascondendo il suo passato e la sua vera identità al marito e al figlio. Il senso di colpa è però troppo forte e nel 1972 si suicida al volante della sua auto.

JULIA JARMOND

Julia Jarmond è un'americana di quarant'anni compiuti nel maggio 2002. È sposata con un francese, Bertrand Tézac, e vive in Francia da molti anni. Ha una figlia, Zoë, di 11 anni. Il suo matrimonio ha incontrato delle difficoltà: Julia e il marito non sono riusciti ad avere un secondo figlio e Bertrand l'ha tradita con una vecchia amica del college, cosa che ha lasciato profonde cicatrici nel loro rapporto.

Come giornalista di una rivista, deve scrivere un articolo sulla commemorazione della retata di Vel' d'Hiv. Questo periodo della storia francese, di cui non sapeva nulla, la segnerà profondamente, soprattutto quando scoprirà che la famiglia di suo marito era coinvolta.

Intelligente ma testarda, cerca di scoprire che fine ha fatto Sarah, nonostante gli avvertimenti del suocero che le chiede di abbandonare la ricerca. Nel corso del romanzo, Julia si dimostra sempre più volitiva e indipendente nei confronti dei suoceri e del giudizio che essi hanno su di lei. Prima di lanciarsi nell'indagine, si preoccupava molto dell'opinione dei Tézac, ma la scoperta della storia di Sarah cambia completamente le cose; diventa consapevole di ciò che conta davvero per lei, per due motivi:

- sua figlia Zoë ha la stessa età di Sarah quando fu arrestata. Julia non riesce a smettere di mettere in relazione la bambina con la propria figlia e cerca la verità come tributo a Sarah.

- la sua consapevolezza della fragilità della vita: gli Starzynski erano una famiglia normale, proprio come quella di Julia. All'improvviso, si sono trovati coinvolti in vicende che sfuggono al loro controllo e sono stati vittime della crudeltà dell'uomo. Julia capisce quindi che la vita è molto fragile e si rende conto che la stabilità che conosce potrebbe crollare in qualsiasi momento. Per questo motivo, rivaluta le sue priorità e decide di dedicarsi a ciò che ritiene più importante.

I TÉZAC

I Tézac sono una famiglia borghese e di principi.

In primo luogo, è costituita da Mamé, la nonna, che è l'unica ad accogliere Julia a braccia aperte. Ormai molto anziana, vive in una casa di riposo dove Julia va a trovarla più volte alla settimana. Per pura coincidenza, durante una conversazione, viene a sapere come la famiglia Tézac ha acquistato l'appartamento di rue de Saintonge, il che segna l'inizio delle indagini di Julia. Ma Mamé diventa senile e quindi Julia non può dirle ciò che ha scoperto sugli Starzynski.

Édouard è il figlio di Mamé e padre di Bertrand. È un uomo autoritario che non accetta discussioni. All'inizio si oppone alle ricerche di Julia, ma alla fine rivela di conoscere la storia di Sarah. Aveva preferito tacere perché questa storia, anche se vecchia di decenni, continuava a perseguitarlo, così come era rimasto sconvolto dalla visita di Sarah e dal ritrovamento del corpo di Michel. In seguito a queste rivelazioni, Édouard prende le difese di Julia contro il resto della famiglia, che le rimprovera di scavare nel passato.

Bertrand è il marito di Julia. È un uomo affascinante e intelligente. Ma i tratti che piacevano a Julia all'inizio del loro matrimonio diventano sempre più offensivi e Julia fatica a sopportarli. Lui la tradisce e le chiede di abortire quando viene a sapere che è incinta, causando la loro separazione.

Il resto della famiglia è composto da Colette, la madre di Bertrand, e dalle sue figlie, Laure e Cécile.

ANALISI

UN ROMANZO STORICO?

La chiave di Sarah è un romanzo, un genere letterario caratterizzato da una storia relativamente lunga (che lo differenzia dalla novella, che ha solo poche decine di pagine) che narra eventi presentati come reali. Dal 18° secolo, il romanzo è il genere predominante. All'interno di questo genere esistono diverse categorie: romanzi d'avventura, romanzi epistolari, romanzi psicologici, ecc.

Per alcuni aspetti, La *chiave di Sarah* appartiene alla categoria del romanzo storico, che utilizza un evento storico come sfondo al quale vengono aggiunti elementi, eventi e personaggi di fantasia. È quindi definito come un'accurata mescolanza di eventi reali e di finzione. È nato all'inizio del 19° secolo con gli scritti di Walter Scott (1771-1832). Alcuni esempi di romanzi storici famosi sono *Les Chouans* di Balzac (1829), *La Reine Margot* di Alexandre Dumas (1845) e *Novantatré* di Victor Hugo (1874).

Cosa rende *La chiave di Sarah* un romanzo storico?

- In primo luogo, l'autore utilizza come sfondo eventi reali: la retata di Vel' d'Hiv del luglio 1942. Il romanzo inizia il 16 luglio, quando migliaia di ebrei furono arrestati dalla polizia francese. Tutti i fatti sono provati e anche se i personaggi sono inventati, come è tipico di un romanzo storico, gli eventi che vivono li rendono credibili e potrebbero essere realmente esistiti.

- Anche i luoghi in cui Tatiana de Rosnay sviluppa i suoi personaggi immaginari giocano un ruolo nell'accuratezza storica della storia: rue Nélaton, nel 15° arrondissement di Parigi, ospitava davvero il Vélodrome d'Hiver, e anche il campo di Beaune-la-Rolande, nel Loiret, è esistito. Si trattava, come spiega il romanzo, di un campo di transito da cui passavano migliaia di ebrei prima di partire per Auschwitz, il più grande campo di concentramento e di sterminio.

Così, l'intera prima parte del romanzo, quando il lettore scopre la storia della ragazza, rende *La chiave di Sarah* un romanzo storico.

UN ROMANZO SUL SENSO DI COLPA

Il senso di colpa è un tema particolarmente presente nella storia. Descrive un sentimento che fa sentire qualcuno responsabile di un evento, di solito grave. Diversi personaggi del romanzo ne soffrono: Sarah, Edouard ma anche i francesi, più in generale.

Sarah soffre di questo sentimento perché si considera responsabile della morte del fratellino Michel. È stata lei a costringerlo a nascondersi in un armadio e a chiudere la porta a chiave, promettendo di tornare a prenderlo al più presto. Ed è proprio perché non ha potuto mantenere questa promessa che la bambina si sente in colpa. Michel si è fidato di lei e lei, in un certo senso, ha tradito la sua fiducia: "Ma gli ho promesso che sarei tornata, papà. Gliel'ho promesso", dice al padre quando si rende conto che la polizia li stava portando via e che non sarebbe riuscita a liberare il fratello.

È anche questo senso di colpa che spinge Sarah a suicidarsi dopo essere stata via dalla Francia per molto tempo, aver messo su famiglia e aver avuto un figlio, William: "Si è uccisa", disse William in modo categorico. "Non c'è stato nessun incidente. Ha guidato l'auto dritta contro l'albero". Sarah pensava che allontanandosi geograficamente dai luoghi che avevano segnato la sua infanzia, si sarebbe lasciata alle spalle l'orrore del suo passato. Ma non cambiò nulla: il senso di colpa la seguì in America e divenne così persistente che Sarah non riuscì più a conviverci.

Anche Édouard, il suocero di Julia, soffre di sensi di colpa. Era un bambino quando Sarah tornò in quello che era stato il suo appartamento per liberare Michel, ma non poteva dimenticare l'orribile scena che si svolse nella sua camera da letto quando la bambina scoprì il corpo del fratello. Non era affatto responsabile della situazione, eppure si sentiva in colpa per aver rubato la casa di Sarah. Suo padre aveva cercato di insabbiare la faccenda nascondendola agli altri membri della famiglia, cosa che Édouard non condivideva. Avrebbe voluto sapere che suo padre aveva fatto qualcosa per aiutare Sarah. Il senso di colpa lo abbandona quindi quando scopre che il padre aveva effettivamente aiutato Sarah nel corso degli anni, inviando denaro ai Dufaure. In questo modo, l'onore dei Tézac viene recuperato.

Anche i francesi soffrono di sensi di colpa. La polizia francese arrestò migliaia di ebrei durante l'estate del 1942. La Gestapo aveva chiesto loro di inviare un certo numero di ebrei di età compresa tra i 16 e i 50 anni, ma la polizia francese si dimostrò particolarmente zelante e decise di deportare il maggior numero possibile di ebrei, compresi donne e bambini.

Ciononostante, alcuni si sentirono in colpa per questa azione. Questo è senza dubbio il caso del giovane poliziotto che permette alle bambine di fuggire dal campo di Beaune-la-Rolande. Conosce Sarah perché l'ha aiutata regolarmente ad attraversare la strada per andare a scuola. Non può permettersi di essere responsabile della sua morte e quindi la lascia scappare.

È senza dubbio il senso di colpa che fa cadere nel silenzio Hervé e Christophe, i due amici di Julia, quando sentono la storia della retata di Vél' d'Hiv, organizzata dalla polizia francese; il senso di colpa di essere francesi, di condividere la nazionalità di questi persecutori.

UN ROMANZO DI FORMAZIONE

Il genere dei romanzi di formazione nasce in Germania nel 18° secolo con il nome di "Bildungsroman". Parla dello sviluppo, dell'evoluzione di un eroe che, giovane e inesperto all'inizio dell'opera, matura e trova la propria comprensione della vita. In questo tipo di opere, il personaggio deve spesso affrontare diverse sfide che, alla fine, gli insegnano la saggezza. Il romanzo di formazione descrive quindi la maturazione di un eroe.

A prima vista, *La chiave di Sarah* non sembra corrispondere a un tradizionale romanzo di formazione: Julie non è una giovane inesperta, ma una madre quarantenne, sposata e tradita dal marito. Tuttavia, le sue caratteristiche morali la rendono un tipico eroe di un romanzo di formazione, poiché, di fronte a diverse sfide, matura nel corso della storia.

All'inizio dell'opera, il lettore si trova di fronte a un personaggio passivo, spettatore della propria vita, che non cerca di risolvere i problemi che affronta per paura del conflitto ma anche per facilità:

- essendosi sposata subito dopo aver conosciuto Bertrand, i suoceri non la accettano perché è americana;

- avrebbe voluto un altro figlio;

- il marito aveva una relazione.

Ma, in seguito, la scoperta della storia di Sarah funge da catalizzatore. Julia prende coscienza della fragilità della vita e dei propri desideri. A poco a poco, si trova a dover agire, a crescere e a fare finalmente ciò che vuole:

- non esita a sfidare i divieti di Édouard e a spingere sempre più in là le sue indagini sulla storia della piccola Sarah;

- alla fine si oppone a Bertrand, quando rimane incinta e decide di tenere il bambino, nonostante il rifiuto del marito, e alla fine lo lascia.

Nel corso del romanzo e dei suoi errori — che fanno parte della costruzione dell'eroe —, Julia prende finalmente in mano la sua vita, non permettendo più a chi la circonda di influenzarla, come era abituata a fare. La sua passività all'inizio del romanzo lascia il posto a una forma di realizzazione e saggezza.

DOPPIA NARRAZIONE

La chiave di Sarah è un romanzo particolarmente originale perché il lettore si trova coinvolto in due storie raccontate da punti di vista diversi:

- da un lato, abbiamo a che fare con la storia di Sarah: il lettore vive gli eventi che questa bambina si trova ad affrontare. Il mondo viene visto come lo vede la bambina, attraverso l'intervento di un narratore esterno e onnisciente.

- dall'altro lato, abbiamo la storia di Julia, una giornalista che indaga sulla giovane ragazza.

La prima parte del romanzo, che si concentra principalmente sulla ricerca di Sarah di tornare a Parigi per salvare il fratellino, è costruita secondo uno schema molto preciso: ogni capitolo sulla storia di Sarah è seguito da un capitolo su Julia. In questo modo, il lettore capisce che i due destini sono legati. Questa tecnica rende anche il passato più reale e presente ai nostri occhi. Infatti, Sarah ha vissuto nel 1942 e Julia nel 2002. Eppure, viaggiano negli stessi luoghi, si recano nelle stesse località, il che permette al lettore di attualizzare la storia di Sarah: è vero, si è svolta decine di anni fa, ma i luoghi esistono ancora, la storia della bambina non verrà mai cancellata del tutto.

Mentre la ricerca di Sarah si conclude con il ritrovamento del cadavere di Michel, il romanzo assume un'altra forma e si concentra unicamente sulle azioni di Julia. La narrazione acquisisce una nuova dinamica, quella di questo personaggio contemporaneo, senza dimenticare il passato, che rimane al centro della ricerca di Julia. Il romanzo termina con la fine di questa ricerca: Julia ha saputo cosa è successo a Sarah, è riuscita a riabilitare i ricordi dei Tézac e sta costruendo un legame molto stretto con il figlio di Sarah.

ULTERIORI RIFLESSIONI

ALCUNE DOMANDE SU CUI RIFLETTERE...

- *Il rapporto Brodeck* di Philippe Claudel (2007) parla di campi di concentramento come *Sarah's Key*. Quali sono le analogie e le differenze tra i due romanzi?

- Il romanzo ci offre diversi punti di vista sulla famiglia. Quali sono? Sviluppate la vostra risposta.

- Analizzate il personaggio di Bertrand. Qual è la vostra impressione su di lui?

- Perché Julia vede così tanto sua figlia Zoë in Sarah?

- Come si spiega la riluttanza di William a scoprire la verità sulla madre? Giustificate la vostra risposta.

- Tatiana de Rosnay ha dichiarato: "Sono sempre stata interessata alla memoria dei luoghi. Sono ancora convinta che i muri conservino i segni e lo spirito di ciò che è accaduto in questi tristi eventi". Cosa capite da questa citazione riguardo alla *Chiave di Sarah*? Sviluppate la vostra risposta.

ULTERIORI LETTURE

EDIZIONE DI RIFERIMENTO

De Rosnay, T. (2008) *La chiave di Sarah.* Londra: John Murray (Editore).

Vogliamo sapere da voi!
Lasciate un commento sulla vostra biblioteca online
e condividete i vostri libri preferiti sui social media!

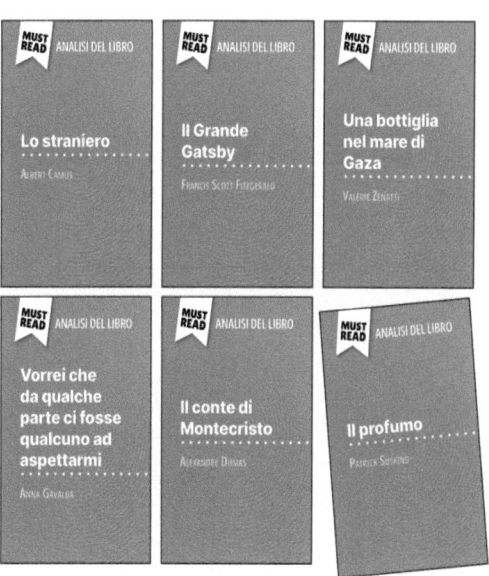

www.50minutes.com

Master ISBN: 9782808689946
ISBN cartaceo: 9782808611343
Deposito legale: D/2023/12603/1414

Copertura: © Primento

Concezione digitale a cura di Primento, il partner digitale degli editori.